국민건강보험공단

기출동형 모의고사

제 3 회	영 역	직업기초능력평가, 직무시험(노인장기요양보험법)
	문항수	80문항
	시 간	90분
	비 고	객관식 4지선다형

✏️ 직업기초능력평가

1. 다음은 A 에어컨 업체에서 신입사원들을 대상으로 진행한 강의의 일부분이다. '가을 전도' 현상에 대한 이해도를 높이기 위해 추가 자료를 제작하였다고 할 때, 바른 것은?

호수의 물은 깊이에 따라 달라지는 온도 분포를 기준으로 세 층으로 나뉘는데, 상층부부터 표층, 중층, 그리고 가장 아래 부분인 심층이 그것입니다. 사계절이 뚜렷한 우리나라 같은 온대 지역의 깊은 호수에서는 계절에 따라 물의 상하 이동이 다른 양상을 보입니다.

여름에는 대기의 온도가 높기 때문에 표층수의 온도도 높습니다. 중층수나 심층수의 온도가 표층수보다 낮고 밀도가 상대적으로 높기 때문에 표층수의 하강으로 인한 중층수나 심층수의 이동은 일어나지 않습니다.

그런데 가을이 되면 대기의 온도가 떨어지면서 표층수의 온도가 낮아집니다. 그래서 물이 최대 밀도가 되는 4℃에 가까워지면, 약한 바람에도 표층수가 아래쪽으로 가라앉으면서 상대적으로 밀도가 낮은 아래쪽의 물이 위쪽으로 올라오게 됩니다. 이런 현상을 '가을 전도'라고 부릅니다.

겨울에는 여름과 반대로 표층수의 온도가 중층수나 심층수보다 낮지만 밀도는 중층수와 심층수가 더 높기 때문에 여름철과 마찬가지로 물의 전도 현상이 일어나지 않습니다. 그러나 봄이 오면서 얼음이 녹고 표층수의 온도가 4℃까지 오르게 되면 물의 전도 현상을 다시 관찰할 수 있습니다. 이것을 '봄 전도'라고 부릅니다.

이러한 봄과 가을의 전도 현상을 통해 호수의 물이 순환하게 됩니다.

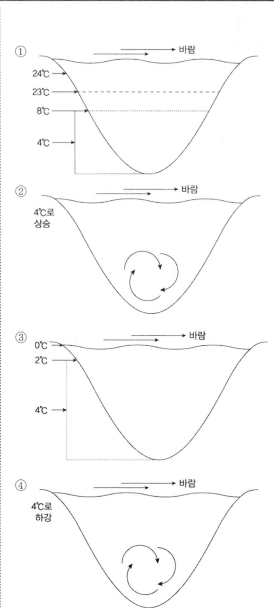

2. 다음은 SNS 회사에 함께 인턴으로 채용된 두 친구의 대화이다. 두 사람이 제출했을 토론 주제로 적합한 것은?

> 여 : 대리님께서 말씀하신 토론 주제는 정했어? 난 인터넷에서 '저무는 육필의 시대'라는 기사를 찾았는데 토론 주제로 괜찮을 것 같아서 그걸 정리해 가려고 하는데.
>
> 남 : 난 아직 마땅한 게 없어서 찾는 중이야. 그런데 육필이 뭐야?
>
> 여 : SNS 회사에 입사했다는 애가 그것도 모르는 거야? 컴퓨터로 글을 쓰는 게 디지털 글쓰기라면 손으로 글을 쓰는 걸 육필이라고 하잖아.
>
> 남 : 아! 그런 거야? 그럼 우리는 디지털 글쓰기 세대겠네?
>
> 여 : 그런 셈이지. 요즘 다들 컴퓨터로 글을 쓰니까. 그나저나 너는 디지털 글쓰기의 장점이 뭐라고 생각해?
>
> 남 : 음, 우선 떠오르는 대로 빨리 쓸 수 있다는 점 아닐까? 또 쉽게 고칠 수도 있고. 그래서 누구나 쉽게 글을 쓸 수 있다는 점이 디지털 글쓰기의 최대 장점이라고 생각하는데.
>
> 여 : 맞아. 기존의 글쓰기가 소수의 전유물이었다면, 디지털 글쓰기 덕분에 누구나 쉽게 글을 쓰고 의사소통을 할 수 있게 되었다는 게 내가 본 기사의 핵심이었어. 한마디로 글쓰기의 민주화가 이루어진 거지.
>
> 남 : 글쓰기의 민주화……. 멋있어 보이기는 하는데, 디지털 글쓰기가 꼭 장점만 있는 것 같지는 않아. 누구나 쉽게 글을 쓸 수 있게 됐다는 건, 그만큼 글이 가벼워졌다는 거 아냐? 우리 주변에서도 그런 글들을 엄청나잖아.
>
> 여 : 하긴, 디지털 글쓰기 때문에 과거보다 진지하게 글을 쓰는 사람이 적어진 건 사실이야. 남의 글을 베끼거나 근거 없는 내용을 담은 글들도 많아지고.
>
> 남 : 우리 이 주제로 토론을 해 보는 게 어때?

① 세대 간 정보화 격차
② 디지털 글쓰기와 정보화
③ 디지털 글쓰기의 장단점
④ 디지털 글쓰기와 의사소통의 관계

3. 다음은 어느 공공기관에서 추진하는 '바람직한 우리 사회'를 주제로 한 포스터이다. 포스터의 주제를 가장 효과적으로 표현한 사원은?

① 甲 : 깨끗한 우리 사회, 부패 척결에서 시작합니다.
② 乙 : 밝고 따뜻한 사회, 작은 관심에서 출발합니다.
③ 丙 : 자연을 보호하는 일, 미래를 보호하는 일입니다.
④ 丁 : 맹목적인 기업 투자, 회사를 기울게 만들 수 있습니다.

(가) 각 세포의 형질이 어떤 상황에서 특정하게 나타나도록 하는 정보는 세포 안에 있는 유전자에 들어 있다. 따라서 유전 정보의 적절한 발현이 세포의 형질을 결정하며, 생물체의 형질은 그것을 구성하고 있는 세포들의 형질에 의해서 결정된다. 이러한 생물학적 연구 결과를 근거로 유전 정보가 인간의 생김새뿐만 아니라 지능, 그리고 성격까지도 결정할 수 있겠다는 생각을 이끌어 내었다. 유전자 연구는, 열등한 유전자를 가진 사람들은 공동체에 도움은커녕 피해만 주므로 도태시켜야 한다는 이른바 극단적인 우생학* 때문에 한 동안 주춤했으나 최근에 다시 활기를 띠고 있다.

(나) 인간과 유전자의 관계를 규명하려는 연구는, 약 1세기 전 골턴(Galton)이 연구를 시작한 이래 지금까지 이어지고 있다. 그러던 중 근래에 ㉠쌍생아들을 대상으로 한 연구가 있었다. 이 연구는 서로 다른 유전자를 가진 이란성 쌍생아와 동일한 유전자를 가진 일란성 쌍생아들을 비교한 것으로, 유전적 요인이 인간의 성격 형성에 지대한 영향을 미친다는 심증을 굳히게 하였다. 또 일반인들을 대상으로 한 여러 연구를 통해서, 각종 범죄, 조울증, 정신 분열증, 알코올 중독증 등 주변의 영향을 받을 것 같은 성향들에도 유전자가 어느 정도 영향을 미친다는 조사 결과가 보고되었다. 연구자들은 이 연구에 의미를 부여하고, 한 발 더 나아가 인간의 질병을 대상으로 그 원인이 되는 유전자를 구체적으로 찾는 작업에 몰두하게 되었다.

(다) 인간의 유전병은 대략 3,000여 가지로 짐작된다. 그러나 그 원인이 되는 유전자를 밝혀낸 것은 단순한 유전병 100여 가지에 불과했다. 그런데 심각한 유전성 신경질환인 '헌팅턴병'의 원인 유전자를 규명한 연구 결과가 보고되었다. 연구자들은 이 병에 걸린 사람들의 염색체로부터 DNA를 뽑아 제한효소로 잘라지는 패턴을 정상인과 비교한 결과, 그 패턴이 특이하게 달라진다는 사실을 확인할 수 있었다. 결국 제4번 염색체에서 헌팅턴병의 원인이 되는 유전자를 찾아내게 되었는데, 이는 유전학 연구가 한 걸음 더 나아가게 하는 계기가 되었다.

(라) 그러나 아직 많은 유전병은 그 원인 유전자조차 규명되지 않고 있다. 또 원인 유전자를 찾아냈다고 해도, 그 형질을 나타내는 유전정보가 인간이 가진 46개의 염색체 중 어디에 있으며, 어떤 염기 서열로 되어있는지를 분명히 밝혀내는 일은 쉽지가 않다. 더구나 지능이나 피부색처럼 여러 유전자가 함께 작용하여 형질을 나타내는 경우, 각 유전자의 상호 관계와 역할을 밝히는 것은 더욱 어려운 일이다.

(마) 특별한 증세와 관련된 염색체 또는 유전자를 발견했다는 보고들이 있지만, 그 실험 결과들은 분명한 사실로 입증될 만큼 충분하지 않다. 따라서 학계에서는 유전자 연구의 결과를 활용하는 데에 신중한 태도를 보이고 있다. 인간의 특성이 유전적 요인에 의해 결정된다는 주장은 인정된다. 그러나 각각의 유전자가 구체적으로 어떤 유전정보를 갖고 있는지 밝히는 것과, 인간의 다양한 모습들에 구체적으로 어떻게 기능하는지에 대한 해답을 찾는 것은 연구자들의 과제이다.

* 우생학 : 우수한 유전자를 가진 인구의 증가를 꾀하고 열악한 유전자를 가진 인구의 증가를 방지하여, 궁극적으로 인류를 유전학적으로 개량하는 것을 목적으로 하는 학문

4. 윗글을 통해 확인할 수 없는 것은?
① 세포의 형질은 유전정보와 관련이 있다.
② 인간의 성격은 유전정보의 영향을 받는다.
③ 일부 유전병의 원인 유전자를 규명하였다.
④ 유전자 연구에 힘입어 유전병을 치료하고 있다.

5. ㉠의 결과 중, 윗글의 논지에 부합하는 것은?
① 일란성 쌍생아인 A와 B는 동일한 환경에서 자랐지만 성격이 판이하다.
② 이란성 쌍생아인 C와 D는 다른 환경에서 자랐지만 성격이 흡사하다.
③ 이란성 쌍생아인 E와 F는 동일한 환경에서 자랐지만 성격이 판이하다.
④ 일란성 쌍생아인 G와 H는 다른 환경에서 자라서 성격이 판이하다.

6. 다음은 국민건강보험공단의 핵심가치이다. '변화와 도전'이라는 가치를 달성하기 위해 실시하여야 할 정책으로 가장 적합한 것은?

희망과 행복	평생건강서비스를 강화하여 국민에게 한줄기 빛과 같은 희망을 주고, 행복한 삶을 영위할 수 있도록 건강의 가치를 나누어 가지자는 의미
소통과 화합	내외부 이해관계자와 신뢰를 바탕으로 소통과 화합을 통해 건강보험제도의 지속가능한 발전과 보건의료체계 전반의 도약을 구축해 나가자는 의미
변화와 도전	기존의 제도와 틀에 안주하지 않고 변화와 혁신을 통해 제도의 미래가치를 창출할 수 있도록 도전해 나가자는 의미
창의와 전문성	창의적인 사고와 최고 전문역량을 함양하여 글로벌 Top 건강보장제도로 도약할 수 있도록 혁신을 주도하는 전문가를 지향하자는 의미

① 생애주기별 건강관리 프로그램을 개발하여 국민의 평생건강을 책임진다.

② 의료보험료 사용 내역을 투명하게 하여 공단 운영에 건강도를 높인다.

③ 변해가는 사회 현상을 예측·분석하고 건강보험제도가 개선해 나아가야 할 방향을 제시한다.

④ 전문 인력 채용을 확대하여 글로벌 시장을 선점한다.

7. 다음 A 출판사 B 대리의 업무보고서이다. 이 업무보고서를 통해 알 수 있는 내용이 아닌 것은?

업무 내용	비고
09:10~10:00 [실내 인테리어] 관련 신간 도서 저자 미팅	※ 외주 업무 진행 보고 1. [보세사] 원고 도착 2. [월간 무비스타] 영화평론 의뢰
10:00~12:30 시장 조사(시내 주요 서점 방문)	
12:30~13:30 점심식사	
13:30~17:00 시장 조사 결과 분석 및 보고서 작성	
17:00~18:00 영업부 회의 참석	※ 중단 업무 1. [한국어교육능력] 기출문제 분석 2. [관광통역안내사] 최종 교정
※ 연장근무 1. 문화의 날 사내 행사 기획 회의	

① B 대리는 A 출판사 영업부 소속이다.

② [월간 무비스타]에 실리는 영화평론은 A 출판사 직원이 쓴 글이 아니다.

③ B 대리는 시내 주요 서점을 방문하고 보고서를 작성하였다.

④ A 출판사에서는 문화의 날에 사내 행사를 진행할 예정이다.

8. 다음에 주어진 자료를 활용하여 '능률적인 업무 처리 방법 모색'에 대한 기획안을 구상하였다. 적절하지 않은 것은?

㈎ 한 나무꾼이 땔감을 구하기 위해 열심히 나무를 베고 있었는데 갈수록 힘만 들고 나무는 잘 베어지지 않았다. 도끼날이 무뎌진 것을 알아채지 못한 것이다. 나무꾼은 지칠 때까지 힘들게 나무를 베다가 결국 바닥에 드러눕고 말았다.

㈏ 펜을 떼지 말고 한 번에 점선을 모두 이으시오. (단, 이미 지난 선은 다시 지날 수 없다.)

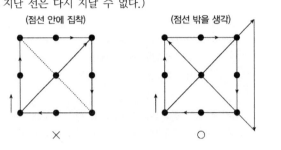

(점선 안에 집착) ✕   (점선 밖을 생각) ◯

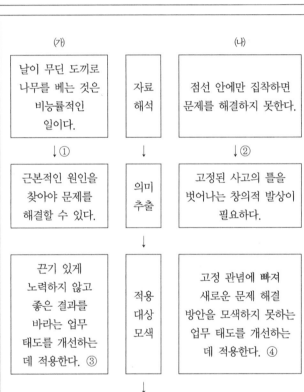

㈎		㈏
날이 무딘 도끼로 나무를 베는 것은 비능률적인 일이다.	자료 해석	점선 안에만 집착하면 문제를 해결하지 못한다.
↓①	↓	↓②
근본적인 원인을 찾아야 문제를 해결할 수 있다.	의미 추출	고정된 사고의 틀을 벗어나는 창의적 발상이 필요하다.
↓	↓	↓
끈기 있게 노력하지 않고 좋은 결과를 바라는 업무 태도를 개선하는 데 적용한다. ③	적용 대상 모색	고정 관념에 빠져 새로운 문제 해결 방안을 모색하지 못하는 업무 태도를 개선하는 데 적용한다. ④

↓

주제 발견 : 문제의 진단과 해결 방안의 모색

9. A 무역회사에 다니는 乙 씨는 회의에서 발표할 '해외 시장 진출 육성 방안'에 대해 다음과 같이 개요를 작성하였다. 이를 검토하던 甲이 지시한 내용 중 잘못된 것은?

Ⅰ. 서론
- 해외 시장에 진출한 우리 회사 제품 수의 증가 …… ㉠
- 해외 시장 진출을 위한 장기적인 전략의 필요성

Ⅱ. 본론
1. 해외 시장 진출의 의의
- 다른 나라와의 경제적 연대 증진 …… ㉡
- 해외 시장 속 우리 회사의 위상 제고
2. 해외 시장 진출의 장애 요소
- 해외 시장 진출 관련 재정 지원 부족
- 우리 회사에 대한 현지인의 인지도 부족 …… ㉢
- 해외 시장 진출 전문 인력 부족
3. 해외 시장 진출 지원 및 육성 방안
- 재정의 투명한 관리 …… ㉣
- 인지도를 높이기 위한 현지 홍보 활동
- 해외 시장 진출 전문 인력 충원

Ⅲ. 결론
- 해외 시장 진출의 전망

---

① ㉠ : 해외 시장에 진출한 우리 회사 제품 수를 통계 수치로 제시하면 더 좋겠군.
② ㉡ : 다른 나라에 진출한 타 기업 수 현황을 근거 자료로 제시하면 더 좋겠군.
③ ㉢ : 우리 회사에 대한 현지인의 인지도를 타 기업과 비교해 상대적으로 낮음을 보여주면 효과적이겠군.
④ ㉣ : Ⅱ-2를 고려할 때 '해외 시장 진출 관련 재정 확보 및 지원'으로 수정하는 것이 좋겠군.

10. 다음은 '수학 교육'에 관한 글을 쓰기 위해 작성한 개요이다. 개요의 수정과 보완 방안으로 적절하지 않은 것은?

제목 : ㉠수학 교육의 중요성
Ⅰ. 서론 : ㉡국가 경쟁력 확보에서 수학이 차지하는 위상
Ⅱ. 본론
1. 현재 수학 교육의 문제점
가. ㉢수학 교육 과정 편성의 잘못
나. 입시 위주의 암기식 수업
2. 수학 교육의 개선 전략
가. 수학 교육의 환경 개선에 필요한 재정 지원 확대
나. 수학 교육 과정 개선
다. ㉣수준별 수학 수업의 장려
Ⅲ. 결론 : 정리와 제언

---

① ㉠은 개요의 흐름으로 보아 '수학 교육 정책의 개선을 통한 국가 경쟁력 확보'로 수정한다.
② ㉡은 수학 교육의 내실화를 통해 경제적인 성공을 이룬 나라의 사례를 제시하여 내용을 보완한다.
③ ㉢은 내용이 모호하므로 현 교육 과정에서 수업 시수가 줄었다는 점과 과목 선택제로 인해 선택한 학생 수가 감소했음을 하위 항목으로 설정한다.
④ ㉣은 'Ⅱ-1-나'와 논리적 연관성이 없으므로 '우수 학생이 능력을 개발할 수 있는 기회 제공'으로 수정한다.

> • '사회보장'이라는 용어는 유럽에서 실시하고 있던 사회보험의 '사회'와 미국의 대공황 시기에 등장한 긴급경제보장위원회의 '보장'이란 용어가 합쳐져서 탄생한 것으로 알려져 있다. 1935년에 미국이 「사회보장법」을 제정하면서 법률명으로서 처음으로 사용되었고, 이후 사회보장이라는 용어는 전 세계적으로 ㉠통용되기 시작하였다.
> • 제2차 세계대전 후 국제노동기구(ILO)의 「사회보장의 길」과 영국의 베버리지가 작성한 보고서 「사회보험과 관련 서비스」 및 프랑스의 라로크가 ㉡책정한 「사회보장계획」의 영향으로 각국에서 구체적인 사회정책으로 제도화되기 시작하였다.
> • 우리나라는 1962년 제5차 개정헌법 제30조 제2항에서 처음으로 '국가는 사회보장의 증진에 노력하여야 한다'고 규정하여 국가적 의무로서 '사회보장'을 천명하였고, 이에 따라 1963년 11월 5일 법률 제1437호로 전문 7개조의 「사회보장에 관한 법률」을 제정하였다.
> • '사회보장'이라는 용어가 처음으로 사용된 시기에 대해서는 대체적으로 의견이 일치하고 있으며 해당 용어가 전 세계적으로 ㉢파급되어 사용하고 있음에도 불구하고, '사회보장'의 개념에 대해서는 개인적, 국가적, 시대적, 학문적 관점에 따라 매우 다양하게 인식되고 있다.
> • 국제노동기구는 「사회보장의 길」에서 '사회보장'은 사회구성원들에게 발생하는 일정한 위험에 대해서 사회가 적절하게 부여하는 보장이라고 정의하면서, 그 구성요소로 전체 국민을 대상으로 해야 하고, 최저생활이 보장되어야 하며 모든 위험과 사고가 보호되어야 할뿐만 아니라 공공의 기관을 통해서 보호나 보장이 이루어져야 한다고 하였다.
> • 우리나라는 사회보장기본법 제3조 제1호에 의하여 "사회보장"이란 출산, ㉣양육, 실업, 노령, 장애, 질병, 빈곤 및 사망 등의 사회적 위험으로부터 모든 국민을 보호하고 국민 삶의 질을 향상 시키는데 필요한 소득·서비스를 보장하는 사회보험, 공공부조, 사회서비스를 말한다'라고 정의하고 있다.

11. 사회보장에 대해 잘못 이해하고 있는 사람은?

① 영은 : '사회보장'이라는 용어가 법률명으로 처음 사용된 것은 1935년 미국에서였대.

② 원일 : 각국에서 사회보장을 구체적인 사회정책으로 제도화하기 시작한 것은 제2차 세계대전 이후구나.

③ 지민 : 사회보장의 개념은 어떤 관점에서 보느냐에 따라 매우 다양하게 인식될 수 있겠군.

④ 정현 : 국제노동기구의 입장에 따르면 개인에 대한 개인의 보호나 보장 또한 사회보장으로 볼 수 있어.

12. 밑줄 친 단어가 한자로 바르게 표기된 것은?

① ㉠ 통용 – 通容 　　② ㉡ 책정 – 策正

③ ㉢ 파급 – 波及 　　④ ㉣ 양육 – 羊肉

13. 문화체육관광부 홍보팀에 근무하는 김문화 씨는 '탈춤'에 관한 영상물을 제작하는 프로젝트를 맡게 되었다. 제작계획서 중 다음의 제작 회의 결과가 제대로 반영되지 않은 것은?

> • 제목 : 탈춤 체험의 기록임이 나타나도록 표현
> • 주 대상층 : 탈춤에 무관심한 젊은 세대
> • 내용 : 실제 경험을 통해 탈춤을 알아가고 가까워지는 과정을 보여 주는 동시에 탈춤에 대한 정보를 함께 제공
> • 구성 : 간단한 이야기 형식으로 구성
> • 전달방식 : 정보들을 다양한 방식으로 전달

〈제작계획서〉

제목		'기획 특집 – 탈춤 속으로 떠나는 10일간의 여행'	①
제작 의도		젊은 세대에게 우리 고유의 문화유산인 탈춤에 대한 관심을 불러일으킨다.	②
전체구성	중심 얼개	• 대학생이 우리 문화 체험을 위해 탈춤이 전승되는 마을을 찾아가는 상황을 설정한다. • 탈춤을 배우기 시작하여 마지막 날에 공연으로 마무리한다는 줄거리로 구성한다.	③
	보조 얼개	탈춤에 대한 정보를 별도로 구성하여 중간 중간에 삽입한다.	
전달방식	해설	내레이션을 통해 탈춤에 대한 학술적 이견들을 깊이 있게 제시하여 탈춤에 조예가 깊은 시청자들의 흥미를 끌도록 한다.	④
	영상편집	• 탈에 대한 정보를 시각 자료로 제시한다. • 탈춤의 종류, 지역별 탈춤의 특성 등에 대한 그래픽 자료를 보여 준다. • 탈춤 연습 과정과 공연 장면을 현장감 있게 보여 준다.	

14. 다음은 마야의 상형 문자를 기반으로 한 프로그램에 대한 설명이다. 제시된 (그림 4)가 산출되기 위해서 입력한 값은 얼마인가?

현재 우리는 기본수로 10을 사용하는 데 비해 이 프로그램은 마야의 상형 문자를 기본으로 하여 기본수로 20을 사용했습니다. 또 우리가 오른쪽에서 왼쪽으로 가면서 1, 10, 100으로 10배씩 증가하는 기수법을 쓰는 데 비해, 이 프로그램은 아래에서 위로 올라가면서 20배씩 증가하는 방법을 사용했습니다. 즉, 아래에서 위로 자리가 올라갈수록 1, 20, ……, 이런 식으로 증가하는 것입니다.

마야의 상형 문자에서 조개껍데기 모양은 0을 나타냅니다. 또한 점으로는 1을, 선으로는 5를 나타냈습니다. 아래의 (그림 1), (그림 2)는 이 프로그램에 0과 7을 입력했을 때 산출되는 결과입니다. 그림 (그림 3)의 결과를 얻기 위해서는 얼마를 입력해야 할까요? 첫째 자리는 5를 나타내는 선이 두 개 있으니 10이 되겠고, 둘째 자리에 있는 점 하나는 20을 나타내는데, 점이 두 개 있으니 40이 되겠네요. 그래서 첫째 자리의 10과 둘째 자리의 40을 합하면 50이 되는 것입니다. 즉, 50을 입력하면 (그림 3)과 같은 결과를 얻을 수 있습니다.

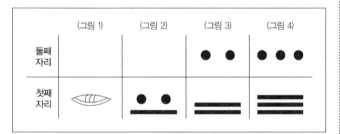

① 60
② 75
③ 90
④ 105

┃15~17┃ 다음은 회의 내용의 일부이다. 물음에 답하시오.

김 팀장 : 네, 그렇군요. 수돗물 정책에 대한 이 과장님의 의견은 잘 들었습니다. 그런데 이 과장님 의견에 대해 박 부장님께서 반대 의견이 있다고 하셨는데, 박 부장님 어떤 내용이신가요?

박 부장 : 네, 사실 굉장히 답답합니다. 공단 폐수 방류 사건 이후에 17년간 네 번에 걸친 종합 대책이 마련됐고, 상당히 많은 예산이 투입된 것으로 알고 있습니다. 그런데도 상수도 사업을 민영화하겠다는 것은 결국 수돗물 정책이 실패했다는 걸 스스로 인정하는 게 아닌가 싶습니다. 그리고 민영화만 되면 모든 문제가 해결되는 것처럼 말씀하시는데요, 현실을 너무 안이하게 보고 계신다는 생각이 듭니다.

김 팀장 : 말씀 중에 죄송합니다만, 제 생각에도 수돗물 사업이 민영화되면 좀 더 효율적이고 전문적으로 운영될 것 같은데요.

박 부장 : 그렇지 않습니다. 전 우리 정부가 수돗물 사업과 관련하여 충분히 전문성을 갖추고 있다고 봅니다. 현장에서 근무하시는 분들의 기술 수준도 세계적이고요. 그리고 효율성 문제는요, 저희가 알아본 바에 의하면 시설 가동률이 50% 정도에 그치고 있고, 누수율도 15%나 된다는데, 이런 것들은 시설 보수나 철저한 관리를 통해 충분히 해결할 수 있다고 봅니다. 게다가 현재 상태로 민영화가 된다면 또 다른 문제가 생길 수 있습니다. 무엇보다 수돗물 가격의 인상을 피할 수 없다고 보는데요. 물 산업 강국이라는 프랑스도 민영화 이후에 물 값이 150%나 인상되었습니다. 우리에게도 같은 일이 일어나지 않으리라는 보장이 있습니까?

김 팀장 : 이 과장님, 박 부장님의 의견에 대해 어떻게 생각하십니까?

이 과장 : 민영화할 경우 아무래도 어느 정도 가격 인상 요인이 있겠습니다만 정부와 잘 협조하면 인상 폭을 최소화할 수 있으리라고 봅니다. 무엇보다도 수돗물 사업을 민간 기업이 운영하게 된다면 수질도 개선될 것이고, 여러 가지 면에서 더욱 질 좋은 서비스를 받을 수 있을 겁니다.

15. 김 팀장과 박 부장의 발언으로 볼 때, 이 과장이 이전에 말했을 내용으로 가장 적절한 것은?

① 민영화를 통해 수돗물의 가격을 안정시킬 수 있다.

② 효율성을 높이기 위해 수돗물 사업을 민영화해야 한다.

③ 수돗물 사업의 전문성을 위해 기술 교육을 강화할 필요가 있다.

④ 종합적인 대책 마련을 통해 효율적인 수돗물 공급을 달성해야 한다.

16. 박 부장의 의사소통능력에 대한 평가로 적절한 것은?

① 전문가의 말을 인용하여 자신의 견해를 뒷받침한다.

② 사회적 통념을 근거로 자기 의견의 타당성을 주장한다.

③ 구체적인 정보를 활용하여 상대방의 주장을 비판하고 있다.

④ 이해가 되지 않는 부분에 대해 근거 자료를 요구하고 있다.

17. 주어진 회의에 대한 분석으로 적절하지 않은 것은?

① 김 팀장은 박 부장과 이 과장 사이에서 중립적인 자세를 취하고 있다.

② 박 부장은 이 과장의 의견에 반대하고 있다.

③ 이 과장은 수돗물 사업을 민영화하면 가격 인상이 될 수도 있다고 보고 있다.

④ 이 과장은 수돗물 사업 민영화로 받을 수 있는 질 좋은 서비스에 대해 구체적으로 제시하고 있지 않다.

18. 다음은 2016년도 상반기 국민건강보험공단 신규직원 채용 공고의 일부이다. 잘못 이해한 것을 고르면?

〈우대사항〉

구분	내용
취업지원 대상자	「국가유공자 등 예우 및 지원에 관한 법률」 등에 따른 취업지원대상자 ※ 가점비율은 국가보훈처에서 발급하는 취업지원대상자증명서로 확인
장애인	「장애인복지법」 제32조에 따른 등록 장애인
기초생활 보장수급자	「국민기초생활보장법」 제2조 제2호에 따른 수급자
강원지역 인재	최종학력기준 강원지역 소재 학교 출신자 또는 실거주자 ※ 대학 이하(고졸 및 전문대 포함) 최종학력 기준이 강원지역 소재 학교인 사람 또는 공고일 현재 주민등록상 연속하여 1년 이상 강원지역에 거주하고 있는 사람
청년인턴경력자	공단 또는 공공기관에서 청년인턴으로 4개월 이상 근무한 사람
우리공단 근무 경력자	2013년 이후 일산병원, 서울요양병원, 공단 고객센터 근무경력 2년(휴직기간 제외) 이상인 자
	2013년 이후 공단 근무경력 1년(휴직기간 제외) 이상인 자(계약직 포함)
단시간근로 (시간선택제)	경력단절여성 중 경제활동 중단 기간이 접수마감일 현재까지 연속하여 1년 이상인 여성 ※ 단시간근로(시간선택제) 지원자만 해당(경력단절 여부는 고용보험 피보험자격 이력내역서로 확인)

① 취업지원대상자로 우대받기 위해서는 국가보훈처에서 발급하는 취업지원대상자증명서를 제출해야 한다.

② 2016년 2월 강원지역 소재 고등학교를 졸업한 A 씨는 이 채용에서 우대받을 수 있다.

③ 2015년 2월부터 7월까지 안전보건공단에서 청년인턴으로 근무한 B 씨는 이 채용에서 우대받을 수 있다.

④ 2014년 1월부터 2015년 6월까지 공단 고객센터에서 근무한 C 씨는 이 채용에서 우대받을 수 있다.

19. 다음은 A 그룹 정기총회의 식순이다. 정기총회 준비와 관련하여 대표이사 甲과 비서 乙의 업무처리 과정에 대한 것으로 가장 옳지 않은 것은?

2016년도 ㈜A 그룹 정기총회

주관 : 대표이사 甲

▌식순 ▌

1. 성원보고
2. 개회선언
3. 개회사
4. 위원회 보고
5. 미결안건 처리
6. 안건심의
   [제1호 의안] 2015년도 회계 결산 보고 및 승인의 건
   [제2호 의안] 2016년도 사업 계획 및 예산 승인의 건
   [제3호 의안] 이사 선임 및 변경에 대한 추인 건
7. 폐회

---

① 비서 乙은 성원보고와 관련하여 정관의 내용을 확인하고 甲에게 정기총회 요건이 충족되었다고 보고하였다.

② 비서 乙은 2015년도 정기총회의 개회사를 참고하여 2016년도 정기총회 개회사 초안을 작성하여 甲에게 보고하고 검토를 요청하였다.

③ 대표이사 甲은 지난 주주총회에서 미결된 안건이 없었는지 다시 확인해보라고 지시하였고, 비서 乙은 이에 대한 정관을 찾아서 확인 내용을 보고하였다.

④ 주주총회를 위한 회의 준비를 점검하는 과정에서 비서 乙은 빠진 자료가 없는지 매번 확인하였다.

20. 다음 일정표에 대해 잘못 이해한 것을 고르면?

Albert Denton : Tuesday, September 24	
8:30 a.m.	Meeting with S.S. Kim in Metropolitan Hotel lobby Taxi to Extec Factory
9:30–11:30 a.m.	Factory Tour
12:00–12:45 p.m.	Lunch in factory cafeteria with quality control supervisors
1:00–2:00 p.m.	Meeting with factory manager
2:00 p.m.	Car to warehouse
2:30–4:00 p.m.	Warehouse tour
4:00 p.m.	Refreshments
5:00 p.m.	Taxi to hotel (approx. 45 min)
7:30 p.m.	Meeting with C.W. Park in lobby
8:00 p.m.	Dinner with senior managers

① They are having lunch at the factory.

② The warehouse tour takes 90 minutes.

③ The factory tour is in the afternoon.

④ Mr. Denton has some spare time before in the afternoon.

21. 다음 빈칸에 들어갈 알맞은 수는?

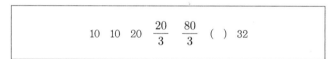

$$10 \quad 10 \quad 20 \quad \frac{20}{3} \quad \frac{80}{3} \quad (\ ) \quad 32$$

① $\dfrac{8}{3}$ ② $\dfrac{11}{3}$

③ $\dfrac{14}{3}$ ④ $\dfrac{16}{3}$

22. 다음 숫자는 일정한 규칙을 따르고 있다. 괄호 안에 들어갈 가장 적절한 숫자는?

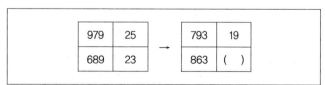

979	25		793	19
689	23	→	863	( )

① 15 ② 17

③ 19 ④ 21

23. 다음 규칙의 도형에서 ㉠, ㉡의 곱은 얼마인가?

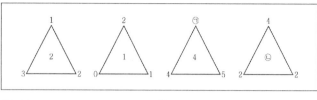

① 16 ② 18

③ 20 ④ 22

24. 은포중학교에서 올해의 남학생 수와 여학생 수를 조사했는데, 남학생 수는 작년보다 8% 늘었고, 여학생 수는 작년보다 4% 줄었다고 한다. 작년 총 학생 수는 1000명이었으며 작년보다 올해의 총 학생 수가 20명 증가했을 때 작년 남학생 수는 얼마인가?

① 460 ② 480

③ 500 ④ 520

25. 사원들이 회의를 하기 위해 강당에 모였다. 한 의자에 3명씩 앉으면 5명이 앉지 못하고, 5명씩 앉으면 마지막 의자에는 2명이 앉게 되고 빈 의자 2개가 생긴다고 한다. 이 때 의자의 개수와 사원 수를 구하여라.

① 9개, 32명 ② 10개, 35명

③ 11개, 38명 ④ 12개, 41명

26. 백의 자리 숫자가 2이며 십의 자리 숫자가 5인 세 자리 자연수가 있다. 그런데 십의 자리 숫자와 일의 자리 숫자를 서로 바꾸면, 바꾼 수는 처음 수보다 18만큼 작아진다고 한다. 이때 처음 수로 옳은 것은?

① 259 ② 257

③ 255 ④ 253

27. 다음 자료에 대한 설명으로 옳은 것은?

고정 환율 제도를 실시하던 갑국은 장기간 지속된 외환 수급의 불균형을 해소하기 위해 t년부터 변동 환율 제도를 채택하였다. 그러자 갑국의 외환 시장에서 아래 그림과 같이 환율이 변동하였다.

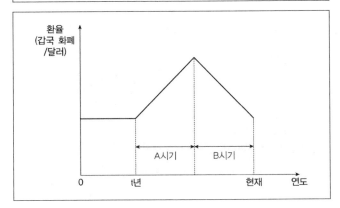

① t년 이전에 갑국에서 달러의 초과 공급이 지속되었다.

② A 시기에 달러 대비 갑국 화폐의 가치는 상승하였다.

③ A 시기에 자녀 학비를 미국으로 송금하는 갑국 부모의 부담은 커졌다.

④ B 시기에 갑국 시장에서 미국산 수입 상품의 가격 경쟁력은 낮아졌다.

28. 다음 자료에 대한 분석으로 옳은 것은?

• t−1년에 우리나라의 실업률은 10%이다.
• A, B, C는 각각 취업자, 실업자, 비경제 활동인구 중 하나이고, A는 매년 5% 증가했다.

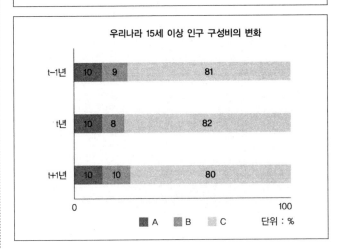

※ 경제 활동 참가율(%) = $\dfrac{\text{경제 활동 인구}}{\text{15세 이상 인구}} \times 100$,

고용률(%) = $\dfrac{\text{취업자 수}}{\text{15세 이상 인구}} \times 100$

① 실업률은 변함이 없다.

② 취업자 수는 t년에 가장 많다.

③ 경제 활동 참가율은 변함이 없다.

④ 비경제 활동 인구는 변함이 없다.

29. 다음 그래프는 취업 인구 비율에 따른 A~D 국가의 산업 구조를 나타낸 것이다. 이에 대한 분석으로 옳은 것은?

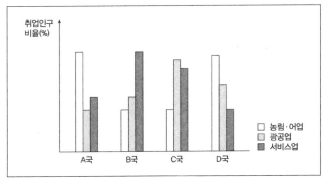

① A 국가는 1차 산업 < 2차 산업 < 3차 산업의 순서로 산업 비중이 높다.

② B 국가는 노동 집약 산업의 비중이 가장 높다.

③ D 국가의 산업 구조는 중진국형에 해당한다.

④ B 국가는 C 국가보다 산업 구조의 고도화가 더 진행되었다.

30. 다음은 개인 기업인 ○○상점의 총계정원장의 일부이다. 이를 통해 알 수 있는 내용으로 옳은 것을 모두 고른 것은? (단, 상품은 3분법으로 회계 처리한다.)

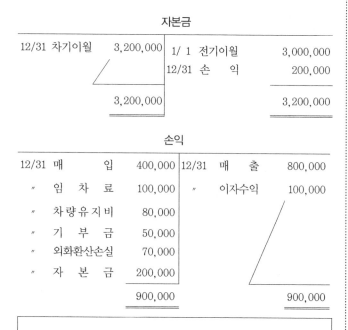

자본금

12/31 차기이월	3,200,000	1/ 1 전기이월	3,000,000
		12/31 손　익	200,000
	3,200,000		3,200,000

손익

12/31 매　　입	400,000	12/31 매　출	800,000
〃 임 차 료	100,000	〃 이자수익	100,000
〃 차 량 유 지 비	80,000		
〃 기 부 금	50,000		
〃 외화환산손실	70,000		
〃 자 본 금	200,000		
	900,000		900,000

㉠ 매출총이익은 ₩400,000이다.
㉡ 영업외비용은 ₩120,000이다.
㉢ 당기순손실은 ₩200,000이다.
㉣ 기초 자본금은 ₩3,200,000이다.

① ㉠㉡　　　　　② ㉠㉢
③ ㉡㉢　　　　　④ ㉡㉣

31. 다음은 정기 예금과 가계 대출의 평균 금리 추이에 관한 신문 기사이다. 이와 같은 추이가 지속될 경우 나타날 수 있는 현상을 모두 고른 것은?

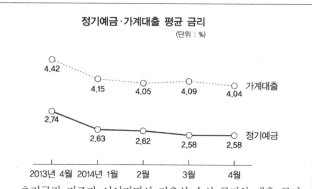

정기예금·가계대출 평균 금리
(단위 : %)

4.42
4.15   4.05   4.09   4.04   가계대출
2.74
2.63   2.62   2.58   2.58   정기예금

2013년 4월 2014년 1월 2월 3월 4월

초저금리 기조가 이어지면서 저축성 수신 금리와 대출 금리 모두 1996년 통계를 내기 시작한 이후 역대 최저 수준을 기록했다. 한국은행에 따르면 2014년 4월 말 신규 취급액을 기준으로 정기 예금 평균 금리는 연 2.58%, 가계 대출 평균 금리는 연 4.04%로 역대 최저치를 기록했다.

㉠ 예대 마진은 점차 증가할 것이다.
㉡ 요구불 예금 금리는 점차 증가할 것이다.
㉢ 변동 금리로 대출을 받는 고객이 점차 증가할 것이다.
㉣ 정기 예금 가입 희망자 중 고정 금리를 선호하는 고객이 점차 증가할 것이다.

① ㉠㉡　　　　　② ㉠㉢
③ ㉡㉢　　　　　④ ㉢㉣

32. 다음 자료와 같은 환율 추이가 지속될 경우, 우리나라의 경제 주체에 미치는 영향으로 적절한 것은? (단, 환전을 전제로 환율만 고려하며, 제시된 자료 외에는 고려하지 않는다.)

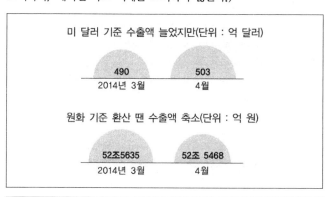

미 달러 기준 수출액 늘었지만(단위 : 억 달러)

490 2014년 3월   503 4월

원화 기준 환산 땐 수출액 축소(단위 : 억 원)

52조5635 2014년 3월   52조 5468 4월

올 들어 원화 값이 빠른 속도로 오르면서 수출이 늘어나도 기업들이 실제 손에 쥐는 돈은 오히려 줄어드는 현상이 뚜렷해지고 있다. 이런 현상이 심화되면 국내 기업들은 채산성이 악화돼 수출할수록 손해를 보게 되고 수출이 늘어나도 내수는 더 악화되는 부작용이 발생할 것이다.

① 기업이 미국에서 수입하는 원자재 가격은 상승할 것이다.
② 국내 미국 회사에 근무하는 회사원은 월급을 미달러로 받는 것보다 원화로 받는 것이 유리할 것이다.
③ 정부가 미국에서 빌려온 채무의 상환 부담은 증가할 것이다.
④ 기업은 미국에 수출하는 상품의 대금 회수시기를 늦추는 조건으로 계약하는 것이 유리할 것이다.

33. 다음 자재 명세서를 통해 알 수 있는 내용으로 옳은 것은? (단, 제시되지 않은 내용은 고려하지 않는다.)

〈자재 명세서〉

[제품 소요량]

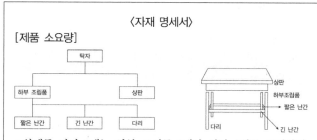

• 완제품 탁자 1개는 하부 조립품 1개와 상판 1개를 조립하여 만든다.
• 하부 조립품 1개는 짧은 난간 2개, 긴 난간 2개, 다리 4개를 조립하여 만든다.

[현 보유 재고]

품명	현 보유 재고량	품명	현 보유 재고량
하부 조립품	50개	짧은 난간	100개
		긴 난간	100개
상판	120개	다리	250개

• 조건 : 부품의 추가 조달은 없으며, 부품에 필요한 기타 부품은 고려하지 않는다.

① 완제품 탁자는 5종류의 서로 다른 부품으로 구성된다.
② 완제품 탁자 1개를 만들기 위해 필요한 부품 다리의 개수는 8개이다.
③ 현 보유 재고로 조달할 수 있는 완제품 탁자의 최대 수량은 100개이다.
④ 최대 수량의 완제품 탁자를 만든 후 부품 다리의 재고 수량은 100개이다.

34. 다음은 갑과 을의 시계 제작 실기시험 지시서의 내용이다. 을의 최종 완성 시간과 유휴 시간은 각각 얼마인가? (단, 이동 시간은 고려하지 않는다.)

[각 공작 기계 및 소요 시간]

1. 앞면 가공용 A 공작 기계 : 20분
2. 뒷면 가공용 B 공작 기계 : 15분
3. 조립 : 5분

[공작 순서]

시계는 각 1대씩 만들며, 갑은 앞면부터 가공하여 뒷면 가공 후 조립하고, 을은 뒷면부터 가공하여 앞면 가공 후 조립하기로 하였다.

[조건]

• A, B 공작 기계는 각 1대씩이며 모두 사용해야 하고, 두 사람이 동시에 작업을 시작한다.
• 조립은 가공이 이루어진 후 즉시 실시한다.

	최종 완성 시간	유휴 시간
①	40분	5분
②	45분	5분
③	45분	10분
④	50분	5분

35. 다음은 (주)서원기업의 재고 관리 사례이다. 금요일까지 부품 재고 수량이 남지 않게 완성품을 만들 수 있도록 월요일에 주문할 A ~ C 부품 개수로 옳은 것은? (단, 주어진 조건 이외에는 고려하지 않는다.)

[부품 재고 수량과 완성품 1개당 소요량]

부품명	부품 재고 수량	완성품 1개당 소요량
A	500	10
B	120	3
C	250	5

[완성품 납품 수량]

항목 \ 요일	월	화	수	목	금
완성품 납품 개수	없음	30	20	30	20

[조건]

1. 부품 주문은 월요일에 한 번 신청하며 화요일 작업 시작 전 입고된다.
2. 완성품은 부품 A, B, C를 모두 조립해야 한다.

	A	B	C
①	100	100	100
②	100	180	200
③	500	100	100
④	500	180	250

36. 다음 재고 현황을 통해 파악할 수 있는 완성품의 최대 수량과 완성품 1개당 소요 비용은 얼마인가? (단, 완성품은 A, B, C, D의 부품이 모두 조립되어야 하고 다른 조건은 고려하지 않는다.)

부품명	완성품 1개당 소요량(개)	단가(원)	재고 수량(개)
A	2	50	100
B	3	100	300
C	20	10	2,000
D	1	400	150

	완성품의 최대 수량(개)	완성품 1개당 소요 비용(원)
①	50	100
②	50	500
③	50	1,000
④	100	500

37. 다음은 동일한 상품을 매입하여 판매하는 A, B 마트의 판매 전략이다. 이에 대한 옳은 설명만을 모두 고른 것은? (단, A, B 마트의 매입 가격과 매입 제비용은 동일하다.)

ⓐ A 마트의 판매 가격에는 영업비가 포함되어 있다.
ⓑ B 마트의 판매 가격의 이폭은 개당 4,000원이다.
ⓒ A 마트와 B 마트의 매입 원가는 개당 32,000원이다.

① ㉠
② ㉢
③ ㉠㉡
④ ㉡㉢

38. 어느 날 A부서 팀장이 다음 자료를 주며 "이번에 회사에서 전략 사업으로 자동차 부품 시범 판매점을 직접 운영해 보기로 했다."며 자동차가 많이 운행되고 있는 도시에 판매점을 둬야하므로 후보 도시를 추천하라고 하였다. 다음 중 후보도시로 가장 적절한 곳은?

도시	인구수	도로연장	자동차 대수(1,000명당)
A	100만 명	200km	200대
B	70만 명	150km	150대
C	50만 명	300km	450대
D	40만 명	100km	300대

① A   ② B
③ C   ④ D

39. 다음은 연령별 저축률에 대한 자료이다. 이에 대한 설명으로 가장 바른 것은?

연도	2010		2012		2014		2016	
구분	저축 중인 인원	저축률	저축 중인 인원	저축률	저축 중인 인원	저축률	저축 중인 인원	저축률
30대 이하	60명	73%	68명	68%	117명	81%	99명	70%
40대	270명	60%	277명	61%	180명	70%	210명	65%
50대	440명	59%	540명	55%	380명	59%	380명	54%
60대	470명	48%	540명	54%	540명	41%	540명	40%
70대 이상	580명	28%	560명	37%	770명	25%	755명	22%

① 70대 이상의 저축률은 꾸준히 감소되고 있다.
② 30대 이하와 40대의 연령별 저축률은 동일한 증감추이를 보이고 있다.
③ 30대 이하와 50대의 연령별 저축률은 반대의 증감추이를 보이고 있다.
④ 60대와 70대 이상의 저축률은 모두 동일한 증감추이를 보이고 있다.

40. 자료에 대한 옳은 분석을 모두 고른 것은?

구분	물 자원량 (십 억m³)	1인당 물 자원량 (m³)	취수량 (십 억m³)	1인당 취수량 (m³)	용도별 취수 비중(%)		
					생활	공업	농업
인도	1,911	1,614	646	554	8	5	87
중국	2,830	2,117	630	472	7	26	67
미국	3,069	9,943	479	1,553	13	46	41
브라질	8,243	43,304	59	312	20	18	62
오스트레 일리아	492	23,593	24	1,146	15	10	75

㉠ 중국은 미국보다 1인당 취수량이 많다.
㉡ 미국은 인도보다 1인당 농업용수의 취수량이 많다.
㉢ 오스트레일리아는 브라질보다 물 자원량에서 차지하는 취수량의 비중이 높다.
㉣ 물 자원량이 많은 국가일수록 1인당 물 자원량이 많다.

① ㉠㉡   ② ㉠㉢
③ ㉡㉢   ④ ㉡㉣

41. M회사 구내식당에서 근무하고 있는 N씨는 식단을 편성하는 업무를 맡고 있다. 식단편성을 위한 조건이 다음과 같을 때 월요일에 편성되는 식단은?

〈조건〉
• 다음 5개의 메뉴를 월요일~금요일 5일에 각각 하나씩 편성해야 한다.
 - 돈가스 정식, 나물 비빔밥, 크림 파스타, 오므라이스, 제육 덮밥
• 월요일에는 돈가스 정식을 편성할 수 없다.
• 목요일에는 오므라이스를 편성할 수 없다.
• 제육덮밥은 금요일에 편성해야 한다.
• 나물 비빔밥은 제육덮밥과 연달아 편성할 수 없다.
• 돈가스 정식은 오므라이스보다 먼저 편성해야 한다.

① 나물 비빔밥   ② 크림 파스타
③ 오므라이스   ④ 제육덮밥

42. 다음 조건을 읽고 옳은 설명을 고르시오.

- 놀이기구를 좋아하는 사람은 대범하다.
- 동물원을 좋아하는 사람은 소심하다.
- 대범한 사람은 겁이 없다.
- 소심한 사람은 친구가 없다.
- 대영이는 놀이기구를 좋아한다.

A : 대영이는 겁이 없다.
B : 친구가 없는 사람은 대범하다.
---

① A만 옳다. ② B만 옳다.

③ A와 B 모두 옳다. ④ A와 B 모두 그르다.

---

43. 다음 표는 A씨의 금융 상품별 투자 보유 비중 변화를 나타낸 것이다. (가)에서 (나)로 변경된 내용으로 옳은 설명을 모두 고른 것은?

금융 상품		(가)	(나)
		보유 비중(%)	
주식	○○(주)	30	20
	△△(주)	20	0
저축	보통예금	10	20
	정기적금	20	20
채권	국·공채	20	40

㉠ 직접금융 종류에 해당하는 상품 투자 보유 비중이 낮아졌다.
㉡ 수익성보다 안정성이 높은 상품 투자 보유 비중이 높아졌다.
㉢ 배당 수익을 받을 수 있는 자본 증권 투자 보유 비중이 높아졌다.
㉣ 일정 기간 동안 일정 금액을 예치하는 예금 보유 비중이 낮아졌다.
---

① ㉠㉡ ② ㉠㉢

③ ㉡㉢ ④ ㉡㉣

---

44. 다음은 이경제씨가 금융 상품에 대해 상담을 받는 내용이다. 이에 대한 옳은 설명을 모두 고른 것은?

이경제씨 : 저기 1,000만원을 예금하려고 합니다. 정기예금상품을 좀 추천해 주시겠습니까?

은행직원 : 원금에만 연 5%의 금리가 적용되는 A 상품과 원금뿐만 아니라 이자에 대해서도 연 4.5%의 금리가 적용되는 B 상품이 있습니다. 예금계약기간은 고객님께서 연 단위로 정하실 수 있습니다.

㉠ 이경제씨는 요구불 예금에 가입하고자 한다.
㉡ 이경제씨는 간접 금융 시장에 참여하고자 한다.
㉢ A 상품은 복리, B 상품은 단리가 적용된다.
㉣ 예금 계약 기간에 따라 이경제씨의 정기 예금 상품에 대한 합리적 선택은 달라질 수 있다.
---

① ㉠㉡ ② ㉠㉢

③ ㉡㉢ ④ ㉡㉣

---

45. 다음 [조건]에 따라 바둑돌을 배치했을 때 해당 단계에 사용할 바둑돌이 19개가 되는 단계와 색상으로 옳은 것은?

- 바둑돌을 단계별로 'ㄱ'자 모양으로 바둑판에 올려놓으면서 정사각형 모양으로 배열한다. (단, 바둑돌 사이의 공간은 없어야 한다.)
- 바둑돌을 단계별로 검은색, 흰색의 순으로 번갈아 가면서 올려놓는다.
- 바둑돌의 단계별 시작 위치(➡)는 이전 단계의 바둑돌로부터 한 칸 띄운 지점이다.
- 바둑판은 가로, 세로 각각 최대 50개의 바둑돌을 올려놓을 수 있는 크기이다.

예) 1단계 : 검은색 바둑돌 1개를 바둑판에 올려놓는다.

2단계 : 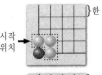 흰색 바둑돌 3개를 'ㄱ'자 모양으로 바둑판에 올려놓는다.

3단계 : 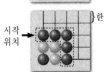 검은색 바둑돌 5개를 'ㄱ'자 모양으로 바둑판에 올려놓는다.
---

① 9단계, 흰색 ② 9단계, 검정색

③ 10단계, 흰색 ④ 10단계, 검정색

46. 다음은 (주)○○의 자금 조달에 관한 대화이다. 이 대화에서 재무 팀장의 제시안을 시행할 경우 나타날 상황으로 적절한 것을 모두 고른 것은?

> 사장 : 독자적인 신기술 개발로 인한 지식 재산권 취득으로 생산 시설 확충 자금이 필요합니다.
> 사원 : 주식이나 채권발행이 좋을 것 같습니다.
> 재무팀장 : 지식 재산권 취득으로 본사에 대한 인지도가 높아졌기 때문에 보통주 발행이 유리합니다.

> ㉠ 자기 자본이 증가하게 된다.
> ㉡ 이자 부담이 증가하게 된다.
> ㉢ 투자자에게 경영 참가권을 주어야 한다.
> ㉣ 투자자에게 원금 상환 의무를 지게 된다.

① ㉠㉡
② ㉠㉢
③ ㉡㉢
④ ㉡㉣

47. 다음 은행의 팝업창 내용을 보고 고객이 취해야 할 피해 예방 대책으로 적절한 설명을 모두 고른 것은?

피싱사이트 및 파밍 사기 기법 주의 안내

최근 은행을 사칭한 가짜 홈페이지를 만들어 금융정보 탈취를 시도하는 사례가 발견되고 있으니 피해가 발생하지 않도록 각별한 주의를 당부드립니다.
사기 사례 발견 시 아래 연락처로 즉시 신고해 주시기 바랍니다.

자세히 보기 »

- 전화 : 인터넷침해대응센터 전국 118, ○○은행 0088-0123
- 보이스피싱 지급 정지 신고 : 경찰청 112, 해양경찰청 122

> ㉠ 보안 프로그램을 항상 최신 버전으로 유지한다.
> ㉡ 공인인증서를 하드디스크에 보관하여 사용한다.
> ㉢ 은행이 제공하는 전자 금융 사기 예방 서비스를 이용한다.
> ㉣ 여러 사람이 사용하는 컴퓨터로 인터넷 뱅킹을 이용한다.

① ㉠㉡
② ㉠㉢
③ ㉡㉢
④ ㉡㉣

48. 다음 글을 통해서 볼 때, 그림을 그린 사람(들)은 누구인가?

> 송화, 진수, 경주, 상민, 정란은 대학교 회화학과에 입학하기 위해 △△미술학원에서 그림을 그린다. 이들은 특이한 버릇을 가지고 있다. 송화, 경주, 정란은 항상 그림이 마무리되면 자신의 작품 밑에 거짓을 쓰고, 진수와 상민은 자신의 그림에 언제나 참말을 써넣는다. 우연히 다음과 같은 글귀가 적힌 그림이 발견되었다.
> "이 그림은 진수가 그린 것이 아님"

① 진수
② 상민
③ 송화, 경주
④ 경주, 정란

49. 다음의 상황에서 교장이 정확하게 선생님인지 학생인지 알 수 있는 사람은 누구인가?

> 어느 노인대학에 진실만을 말하는 선생님과 짓궂은 학생들이 모여 있다. 짓궂은 학생들은 거짓말만 한다. 누가 선생님인지 누가 학생인지 모르는 교장이 자기 앞에 서있는 다섯 사람에게 자신 또는 다른 사람에 대해 이야기해보라고 했다.
> A : 저는 선생님입니다.
> B : D는 학생입니다.
> C : 저 빼고 다 학생입니다.
> D : 저는 선생님이고, B는 거짓말을 하고 있습니다.
> E : A는 거짓말을 하고 있습니다.

① A
② B
③ C
④ D

- 1층에는 4명이 산다.
- 혈액형이 O형인 사람은 3명, A형인 사람은 1명, B형인 사람은 1명이다.
- (가)는 기혼남이며, 혈액형은 A형이다.
- (나)와 (사)는 부부이며, 둘 다 O형이다.
- (다)는 미혼 남성이다.
- (라)는 1층에 산다.
- (마)의 혈액형은 B형이다.
- (바)의 혈액형은 O형이 아니다.

50. (다)의 혈액형으로 옳은 것은?

① A형   ② AB형

③ O형   ④ 알 수 없다.

51. 1층에 사는 사람은 누구인가?

① (가)(다)(라)(바)   ② (가)(라)(마)(바)

③ (나)(라)(바)(사)   ④ 알 수 없다.

52. Z회사에 근무하는 7명의 직원이 교육을 받으려고 한다. 교육실에서 직원들이 앉을 좌석의 조건이 다음과 같을 때 직원 중 빈자리 바로 옆 자리에 배정받을 수 있는 사람은?

〈교육실 좌석〉

첫 줄	A	B	C
중간 줄	D	E	F
마지막 줄	G	H	I

〈조건〉
- 직원은 강훈, 연정, 동현, 승만, 문성, 봉선, 승일 7명이다.
- 서로 같은 줄에 있는 좌석들끼리만 바로 옆자리일 수 있다.
- 봉선의 자리는 마지막 줄에 있다.
- 동현이의 자리는 승만이의 바로 옆자리이며, 또한 빈자리 바로 옆이다.
- 승만이의 자리는 강훈이의 바로 뒷자리이다.
- 문성이와 승일이는 같은 줄의 좌석을 배정 받았다.
- 문성이나 승일이는 누구도 강훈이의 바로 옆자리에 배정받지 않았다.

① 승만   ② 문성

③ 연정   ④ 봉선

53. 문제해결을 잘하기 위해서는 4가지 기본적 사고가 필요하다. 다음 중 4가지 기본적 사고가 아닌 것은?

① 전략적 사고

② 발상의 전환

③ 내 · 외부자원의 활용

④ 집중적 사고

54. 다음 진술이 참이 되기 위해 꼭 필요한 전제를 〈보기〉에서 고르면?

노래를 잘 부르는 사람은 상상력이 풍부하다.

〈보기〉
㉠ 그림을 잘 그리는 사람은 IQ가 높고, 상상력이 풍부하다.
㉡ IQ가 높은 사람은 그림을 잘 그린다.
㉢ 키가 작은 사람은 IQ가 높다.
㉣ 키가 작은 사람은 상상력이 풍부하지 않다.
㉤ 노래를 잘 부르지 못하는 사람은 그림을 잘 그리지 못한다.
㉥ 그림을 잘 그리지 못하는 사람은 노래를 잘 부르지 못한다.

① ㉠㉡   ② ㉠㉥

③ ㉢㉣   ④ ㉣㉥

55. 다음은 어느 레스토랑의 3C분석 결과이다. 이 결과를 토대로 하여 향후 해결해야 할 전략과제를 선택하고자 할 때 적절하지 않은 것은?

3C	상황 분석
고객 / 시장 (Customer)	• 식생활의 서구화 • 유명브랜드와 기술제휴 지향 • 신세대 및 뉴패밀리 층의 출현 • 포장기술의 발달
경쟁 회사 (Competitor)	• 자유로운 분위기와 저렴한 가격 • 전문 패밀리 레스토랑으로 차별화 • 많은 점포수 • 외국인 고용으로 인한 외국인 손님 배려
자사 (company)	• 높은 가격대 • 안정적 자금 공급 • 업계 최고의 시장점유율 • 고객증가에 따른 즉각적 응대의 한계

① 원가 절감을 통한 가격 조정

② 유명브랜드와의 장기적인 기술제휴

③ 즉각적인 응대를 위한 인력 증대

④ 안정적인 자금 확보를 위한 자본구조 개선

56. T회사에서 사원 김씨, 이씨, 정씨 3인을 대상으로 승진시험을 치렀다. 다음 〈보기〉에 따라 최고득점자 1명이 승진한다고 할 때 승진하는 사람은?

〈보기〉
• T회사에서 김씨, 이씨, 정씨 세 명의 승진후보자가 시험을 보았으며, 상식은 20문제, 영어는 10문제가 출제되었다.
• 각 과목을 100점 만점으로 하되 상식은 정답을 맞힌 개수 당 5점씩, 틀린 개수 당 -3점씩을 부여하고, 영어의 경우 정답을 맞힌 개수 당 10점씩, 틀린 개수 당 -5점씩을 부여한다.
• 채점 방식에 따라 계산했을 때 100점 이하면 승진 대상자에게 탈락된다.
• 각 후보자들이 정답을 맞힌 문항의 개수는 다음과 같고, 그 이외의 문항은 모두 틀린 것이다.

	상식	영어
김씨	14	7
이씨	10	9
정씨	18	4

① 김씨　　　　② 이씨

③ 정씨　　　　④ 모두 탈락

57. 철기, 준영, 해영, 영미, 정주, 가영, 민지 7명의 학생이 NCS 모의고사를 치렀다. 이 학생들의 점수가 다음과 같을 때 5등을 한 사람은 누구인가?

• 철기는 준영이보다 높은 점수를 받았다.
• 준영이는 정주보다 높은 점수를 받았다.
• 정주는 민지보다 높은 점수를 받았다.
• 해영이는 준영이보다 높은 점수를 받았지만, 영미보다는 낮은 점수를 받았다.
• 해영이는 철기보다 낮은 점수를 받았다.
• 영미는 철기보다 높은 점수를 받았다.
• 가영이는 가장 낮은 점수를 받았다.

① 준영　　　　② 해영

③ 정주　　　　④ 민지

58. 어느 아파트에 쓰레기 무단투기가 계속 발생하자, 아파트 부녀회장은 무단투기 하는 사람이 누구인지 조사하기 시작했다. A, B, C, D, E 5명 가운데 범인이 있으며, 이 5명의 진술은 다음과 같다. 이 중 3명의 진술은 모두 참이고 나머지 2명의 진술은 모두 거짓이라고 할 때 다음 중 거짓을 말하고 있는 사람의 조합으로 옳은 것은?

A : 쓰레기를 무단투기하는 것을 본 사람은 나와 E 뿐이다. B의 말은 모두 참이다.
B : D가 쓰레기를 무단 투기하였다. 그것을 E가 보았다.
C : 쓰레기를 무단투기한 사람은 D가 아니다. E의 말은 참이다.
D : 쓰레기 무단투기하는 것을 세 명이 보았다. B는 무단투기하지 않았다.
E : 나와 A는 범인이 아니다. 나는 범인을 아무도 보지 못했다.

① A, B　　　　② B, C

③ C, E　　　　④ D, E

59. 다음은 수미의 소비상황과 각종 신용카드 혜택 정보이다. 수미가 가장 유리한 하나의 신용카드만을 결제수단으로 사용할 때 적절한 소비수단은?

- 뮤지컬, ○○테마파크 및 서점은 모두 B신용카드의 문화 관련 업에 해당한다.
- 신용카드 1포인트는 1원이고, 문화상품권 1매는 1만원으로 가정한다.
- 혜택을 금전으로 환산하여 액수가 많을수록 유리하다.
- 액수가 동일한 경우 할인혜택, 포인트 적립, 문화상품권 지급 순으로 유리하다.
- 혜택의 액수 및 혜택의 종류가 동일한 경우 혜택 부여 시기가 빠를수록 유리하다(현장할인은 결제 즉시 할인되는 것을 말하며, 청구할인은 카드대금 청구 시 할인 되는 것을 말한다).

〈수미의 소비상황〉

서점에서 여행서적(정가 각 3만원) 3권과 DVD 1매(정가 1만원)를 구입(직전 1개월간 A신용카드 사용금액은 15만원이며, D신용카드는 가입 후 미사용 상태임)

〈각종 신용카드의 혜택〉

A신용카드	○○테마파크 이용시 본인과 동행 1인의 입장료의 20% 현장 할인(단, 직전 1개월간 A신용카드 사용금액이 30만원 이상인 경우에 한함)
B신용카드	문화 관련 가맹업 이용시 총액의 10% 청구 할인(단, 할인되는 금액은 5만원을 초과할 수 없음)
C신용카드	이용시마다 사용금액의 10%를 포인트로 즉시 적립
D신용카드	가입 후 2만원 이상에 상당하는 도서류(DVD 포함) 구매시 최초 1회에 한하여 1만원 상당의 문화상품권 증정(단, 문화상품권은 다음달 1일에 일괄 증정)

① A신용카드 ② B신용카드

③ C신용카드 ④ D신용카드

60. 다음은 특보의 종류 및 기준에 관한 자료이다. ㉠과 ㉡의 상황에 어울리는 특보를 올바르게 짝지은 것은?

〈특보의 종류 및 기준〉

종류	주의보	경보
강풍	육상에서 풍속 14m/s 이상 또는 순간풍속 20m/s 이상이 예상될 때. 다만, 산지는 풍속 17m/s 이상 또는 순간풍속 25m/s 이상이 예상될 때	육상에서 풍속 21m/s 이상 또는 순간풍속 26m/s 이상이 예상될 때. 다만, 산지는 풍속 24m/s 이상 또는 순간풍속 30m/s 이상이 예상될 때
호우	6시간 강우량이 70mm 이상 예상되거나 12시간 강우량이 110mm 이상 예상될 때	6시간 강우량이 110mm 이상 예상되거나 12시간 강우량이 180mm 이상 예상될 때
태풍	태풍으로 인하여 강풍, 풍랑, 호우 현상 등이 주의보 기준에 도달할 것으로 예상될 때	태풍으로 인하여 풍속이 17m/s 이상 또는 강우량이 100mm 이상 예상될 때. 다만, 예상되는 바람과 비의 정도에 따라 아래와 같이 세분한다. ｜｜3급｜2급｜1급 바람(m/s)｜17~24｜25~32｜33이상 비(mm)｜100~249｜250~399｜400이상
폭염	6월~9월에 일 최고기온이 33℃ 이상이고, 일 최고열지수가 32℃ 이상인 상태가 2일 이상 지속될 것으로 예상될 때	6월~9월에 일 최고기온이 35℃ 이상이고, 일 최고열지수가 41℃ 이상인 상태가 2일 이상 지속될 것으로 예상될 때

㉠ 태풍이 남해안에 상륙하여 울산지역에 270mm의 비와 함께 풍속 26m/s의 바람이 예상된다.

㉡ 지리산에 오후 3시에서 오후 9시 사이에 약 130mm의 강우와 함께 순간풍속 28m/s가 예상된다.

	㉠	㉡
①	태풍경보 1급	호우주의보
②	태풍경보 2급	호우경보+강풍주의보
③	태풍주의보	강풍주의보
④	태풍경보 2급	호우경보+강풍경보

61. 장기요양기관의 지정권자는 누구인가?

① 국무총리 　　　　　 ② 보건복지부장관

③ 국민건강보험공단 　 ④ 지방자치단체의 장

62. 다음 중 장기요양기관의 지정을 받을 수 없는 결격사유에 해당하지 않는 것은?

① 미성년자

② 파산선고를 받고 복권되지 아니한 사람

③ 금고 이상의 실형을 선고받고 집행이 면제된 날부터 5년이 경과된 사람

④ 「마약류 관리에 관한 법률」의 마약류에 중독된 사람

63. 수급자가 장기요양급여를 쉽게 선택하도록 하고 장기요양기관이 제공하는 급여의 질을 보장하기 위하여 공단이 운영하는 인터넷 홈페이지에 게시하여야 하는 정보가 아닌 것은?

① 급여의 내용 　　　 ② 시설

③ 인력 　　　　　　 ④ 이용자 수

64. 특별자치시장·특별자치도지사·시장·군수·구청장이 장기요양기관 재무·회계기준을 위반한 장기요양기관에 대하여 시정을 명할 수 있는 기간의 범위는?

① 1개월 　　　　　 ② 3개월

③ 6개월 　　　　　 ④ 1년

65. 특별자치시장·특별자치도지사·시장·군수·구청장은 장기요양기관에 대한 업무정지명령이 해당 장기요양기관을 이용하는 수급자에게 심한 불편을 줄 우려가 있는 등 보건복지부장관이 정하는 특별한 사유가 있다고 인정되는 경우에는 업무정지명령을 갈음하여 과징금을 부과할 수 있다. 이때 부과할 수 있는 과징금의 상한선은?

① 5억 원 이하 　　 ② 3억 원 이하

③ 2억 원 이하 　　 ④ 1억 원 이하

66. 행정제재처분의 효과가 승계되는 기간은?

① 처분을 한 날부터 1년간

② 처분을 한 날부터 2년간

③ 처분을 한 날부터 3년간

④ 처분을 한 날부터 5년간

67. 장기요양보험료율 등의 사항을 심의하기 위하여 두는 장기요양위원회의 위원장은 누가 되는가?

① 보건복지부장관

② 보건복지부차관

③ 국민건강보험공단의 장

④ 건강보험심사평가원의 장

68. 장기요양사업의 관리운영기관인 공단이 관장하는 업무가 아닌 것은?

① 장기요양보험료의 부과·징수

② 등급판정위원회의 운영 및 장기요양등급 판정

③ 장기요양요원의 역량강화를 위한 교육지원

④ 재가 및 시설 급여비용의 심사 및 지급과 특별현금급여의 지급

69. 지정받지 아니하고 장기요양기관을 운영하거나 거짓이나 그 밖의 부정한 방법으로 지정받은 자에게 처해지는 벌칙은?

① 1년 이하의 징역 또는 1천만 원 이하의 벌금

② 2년 이하의 징역 또는 2천만 원 이하의 벌금

③ 3년 이하의 징역 또는 3천만 원 이하의 벌금

④ 4년 이하의 징역 또는 4천만 원 이하의 벌금

70. 장기요양급여 제공 자료를 기록·관리하지 아니하거나 거짓으로 작성한 사람에게 부과하는 과태료 금액은 얼마인가?

① 100만 원 　　　　　 ② 200만 원

③ 300만 원 　　　　　 ④ 500만 원

71. 노인장기요양보험법상 국가 및 지방자치단체의 책무에 관한 설명으로 옳지 않은 것은?

① 국가 및 지방자치단체는 노인이 일상생활을 혼자서 수행할 수 있는 온전한 심신상태를 유지하는데 필요한 사업인 노인성질환예방사업을 실시하여야 한다.

② 국가는 노인성질환예방사업을 수행하는 지방자치단체 또는 「국민건강증진법」에 따른 국민건강증진정책심의위원회에 대하여 이에 소요되는 비용을 지원할 수 있다.

③ 국가 및 지방자치단체는 노인인구 및 지역특성 등을 고려하여 장기요양급여가 원활하게 제공될 수 있도록 적정한 수의 장기요양기관을 확충하고 장기요양기관의 설립을 지원하여야 한다.

④ 국가 및 지방자치단체는 장기요양급여가 원활히 제공될 수 있도록 공단에 필요한 행정적 또는 재정적 지원을 할 수 있다.

72. 다음은 실태조사 규정에 대한 내용이다. ( ) 안에 들어갈 알맞은 것은?

> 보건복지부장관은 장기요양사업의 실태를 파악하기 위하여 ( )년마다 조사를 정기적으로 실시하고 그 결과를 공표하여야 한다.

① 1

② 2

③ 3

④ 5

73. 장기요양보험법상 장기요양인정의 신청 규정에 대한 내용으로 옳지 않은 것은?

① 장기요양인정을 신청하는 자는 공단에 보건복지부령으로 정하는 바에 따라 장기요양인정신청서에 의사 또는 한의사가 발급하는 소견서를 첨부하여 제출하여야 한다.

② 의사소견서는 공단이 등급판정위원회에 자료를 제출하기 전까지 제출할 수 있다.

③ 거동이 현저하게 불편하거나 도서·벽지 지역에 거주하여 의료기관을 방문하기 어려운 자 등도 대통령령으로 정하는 자는 의사소견서를 제출하여야 한다.

④ 의사소견서의 발급비용·비용부담방법·발급자의 범위, 그 밖에 필요한 사항은 보건복지부령으로 정한다.

74. 장기요양등급판정기간에 대한 설명으로 옳지 않은 것은?

① 등급판정위원회는 신청인이 신청서를 제출한 날부터 30일 이내에 장기요양등급판정을 완료하여야 한다.

② 신청인에 대한 정밀조사가 필요한 경우 등 기간 이내에 등급판정을 완료할 수 없는 부득이한 사유가 있는 경우 20일 이내의 범위에서 이를 연장할 수 있다.

③ 공단은 등급판정위원회가 장기요양인정심의기간을 연장하고자 하는 경우 신청인 및 대리인에게 그 내용·사유 및 기간을 통보하여야 한다.

④ 공단은 등급판정위원회가 등급판정기간을 연장하고자 하는 경우 신청인 및 대리인에게 그 내용·사유 및 기간을 통보하여야 한다.

75. 수급자는 장기요양인정의 유효기간이 만료된 후 장기요양급여를 계속하여 받고자 하는 경우 공단에 장기요양인정의 갱신을 신청하여야 한다. 장기요양인정의 갱신 신청은 유효기간이 만료되기 얼마 전까지 하여야 하는가?

① 7일

② 15일

③ 30일

④ 60일

76. 노인장기요양보험법상 특별현금급여의 종류에 대한 설명으로 옳지 않은 것은?

① 공단은 수급자가 「의료법」에 따른 요양병원에 입원한 때 대통령령으로 정하는 기준에 따라 장기요양에 사용되는 비용의 일부를 요양병원간병비로 지급할 수 있다.

② 공단은 신체·정신 또는 성격 등 대통령령으로 정하는 사유로 인하여 가족 등으로부터 장기요양을 받아야 하는 자에 해당하는 수급자가 가족 등으로부터 방문요양에 상당한 장기요양급여를 받은 때 대통령령으로 정하는 기준에 따라 해당 수급자에게 가족요양비를 지급할 수 있다.

③ 공단은 수급자가 장기요양기관이 아닌 노인요양시설 등의 기관 또는 시설에서 재가급여 또는 시설급여에 상당한 장기요양급여를 받은 경우 대통령령으로 정하는 기준에 따라 해당 장기요양급여비용의 일부를 해당 수급자에게 특례요양비로 지급할 수 있다.

④ 특례요양비의 지급절차, 요양병원간병비의 지급절차, 가족요양비의 지급절차 등에 관한 사항은 대통령령으로 정한다.

77. 다음 중 장기요양기관의 지정규정에 따른 장기요양기관으로 지정받을 수 있는 자는?

① 지정취소를 받은 후 3년이 지나지 아니한 자
② 지정취소를 받은 후 3년이 지나지 아니한 법인의 대표자
③ 업무정지명령을 받고 업무정지기간이 지나지 아니한 자
④ 장기요양에 필요한 시설 및 인력을 갖춘 자

78. 장기요양급여 제공의 기본원칙 규정에 대한 설명으로 옳지 않은 것은?

① 장기요양급여는 노인등이 자신의 의사와 능력에 따라 최대한 자립적으로 일상생활을 수행할 수 있도록 제공하여야 한다.
② 장기요양급여는 노인등의 심신상태·생활환경과 노인등 및 그 가족의 욕구·불만을 종합적으로 고려하여 필요한 범위 안에서 이를 적정하게 제공하여야 한다.
③ 장기요양급여는 노인등이 가족과 함께 생활하면서 가정에서 장기요양을 받는 재가급여를 우선적으로 제공하여야 한다.
④ 장기요양급여는 노인등의 심신상태나 건강 등이 악화되지 아니하도록 의료서비스와 연계하여 이를 제공하여야 한다.

79. 노인장기요양보험법상 부당이득의 징수 규정에 대한 설명으로 옳지 않은 것은?

① 공단은 거짓 보고 또는 증명에 의하거나 거짓 진단에 따라 장기요양급여가 제공된 때 거짓의 행위에 관여한 자에 대하여 장기요양급여를 받은 자와 연대하여 징수금을 납부하게 할 수 있다.
② 공단은 거짓이나 그 밖의 부정한 방법으로 장기요양급여를 받은 자와 같은 세대에 속한 자(장기요양급여를 받은 자를 부양하고 있거나 다른 법령에 따라 장기요양급여를 받은 자를 부양할 의무가 있는 자)에 대하여 거짓이나 그 밖의 부정한 방법으로 장기요양급여를 받은 자와 별도로 징수금을 납부하게 할 수 있다.
③ 공단은 장기요양기관이 수급자로부터 거짓이나 그 밖의 부정한 방법으로 장기요양급여비용을 받은 때 해당 장기요양기관으로부터 이를 징수하여 수급자에게 지체 없이 지급하여야 한다. 이 경우 공단은 수급자에게 지급하여야 하는 금액을 그 수급자가 납부하여야 하는 장기요양보험료 등과 상계할 수 있다.
④ 공단은 장기요양급여를 받은 자 또는 장기요양급여비용을 받은 자가 월 한도액 범위를 초과하여 장기요양급여를 받은 경우 그 장기요양급여 또는 장기요양급여비용에 상당하는 금액을 징수한다.

80. 노인장기요양보험법상 공단이 장기요양인정서를 작성할 경우 고려하여야 할 사항이 아닌 것은?

① 수급자의 장기요양등급
② 수급자의 생활환경
③ 수급자의 위법행위
④ 수급자와 그 가족의 욕구 및 선택